Prix : 1 fr. 50

UN MOIS À ROME

La Maladie, la Mort, les Funérailles de LÉON XIII

PIE X

Le Conclave, l'Élection, Voyage à Venise
Les Parents du Nouveau Pape

IMPRESSIONS, SOUVENIRS, ANECDOTES

PAR

D. GIULIANI

Envoyé spécialement à Rome par plusieurs grands Journaux
de Paris et de Lyon

NOMBREUSES ILLUSTRATIONS

Le Sergent des Suisses

LIBRAIRIE CATHOLIQUE EMMANUEL VITTE

LYON | PARIS
3, place Bellecour, 3 | 14, rue de l'Abbaye (viᵉ)

1903

Un Mois à Rome

LA MORT DE LÉON XIII

L'ÉLECTION DE PIE X

Un Mois à Rome

LA MORT DE LÉON XIII

L'ÉLECTION DE PIE X

IMPRESSIONS, SOUVENIRS, ANECDOTES

PAR

D. GIULIANI

*Envoyé spécialement à Rome par plusieurs grands Journaux
de Paris et de Lyon*

NOMBREUSES ILLUSTRATIONS

IMPRIMERIE CATHOLIQUE EMMANUEL VITTE

LYON | PARIS
3, place Bellecour, 3. | 14, rue de l'Abbaye (vie).

1903

A Monsieur ÉMILE MASSARD

Directeur de *la Patrie*.

Je n'ai pas la prétention de me faire ici, l'historien des événements mémorables qui se sont déroulés à Rome pendant les mois de juillet et d'août 1903.

Le lecteur trouvera dans les pages de cette très modeste brochure, des choses simplement dites, mais vécues.

Sans ambition littéraire, je veux tâcher de lui faire connaître les impressions, toutes fraîches encore, que je rapporte de la Ville Eternelle et de Venise.

Je me suis attaché, surtout à mettre en relief les à-côtés, les anecdotes, les souvenirs qui viennent maintenant en essaims pressés, tourbillonner autour de mon esprit.

Je sollicite l'indulgence des personnes qui voudront bien me lire.

Cet « ouvrage » n'a pas été fait d'après les préceptes de Boileau. Il n'a été ni poli ni repoli. Le temps m'a matériellement fait défaut pour cela. D'ailleurs, je ne me fais aucune illusion ; il me manque le talent qui permet de donner, même aux choses hâtivement élaborées, un cachet attrayant et une forme parfaite.

Le seul mérite qu'il peut avoir est la sincérité.

Je l'ai écrit, l'âme vibrante encore, de tant d'émotions ressenties à l'ombre des sublimes murailles Vaticanes.

Et j'espère que cette sincérité dont j'ose me prévaloir, fera pardonner la rudesse et trop souvent hélas, l'incorrection de la phrase.

D. GIULIANI.

Le Corps de Léon XIII exposé dans la salle du Trône

GENDARME DU PAPE

Un Mois à Rome

De Lyon à Rome

LE TRAIN DES JOURNALISTES — PREMIÈRES ÉMOTIONS —
UN SOUPER ÉCLAIR — ARRIVÉE A ROME

On n'a pas encore oublié l'émotion profonde que produisit la nouvelle de la maladie de Léon XIII.

Les dépêches venues de Rome dans la journée du samedi 4 juillet, étaient très alarmantes. Le lendemain l'état du Souverain Pontife s'aggravait. Ce fut ce dimanche soir, 5 juillet qu'on donna le viatique au grand vieillard.

L'agonie commençait, ou du moins nous le crûmes tous en France. Le 6, nous attendîmes d'heure en heure le télégramme annonçant la mort. Enfin, dans la nuit je partis pour Rome, bien persuadé qu'en arrivant dans la ville éternelle, je trouverai le corps de Léon XIII exposé à la vénération du peuple dans la chapelle du Saint-Sacrement. Que de jours pleins d'anxiété, que de nuits angoissantes, j'allais vivre avant de voir l'inoubliable spectacle !...

A sept heures du matin, le train de Paris stoppe à Chambéry.

J'étais arrivé dans cette gare, venant de Lyon, quelques minutes avant.

Dans le wagon-lit, je trouve une dizaine de confrères Parisiens.

Les envoyés spéciaux du *Temps,* M. GALTIÉ ; du

Gaulois, M. DE MAIZIÈRES ; du *Matin,* M. MOUTHON ; des *Débats,* etc., etc., se précipitent sur les journaux du matin croyant bien y trouver la nouvelle de la mort du Pape.

Les télégrammes étaient plutôt pessimistes, mais Léon XIII vivait toujours.

— On m'avait dit à Dijon que le Pape était mort, s'écrie un confrère.

— Patience !... nous apprendrons sans doute la fatale nouvelle à Turin.

Et nous voilà partis à travers la Savoie, à toute vapeur.

Les sommets neigeux étincelaient sous les rayons d'un soleil radieux. Des cascades écumeuses bondissaient ; l'air vif et salubre arrivait en bouffées vivifiantе dans le wagon encore saturé des odeurs nocturnes si fades, très écœurantes.

— Modane !... Modane !...

Vite un télégramme !... Chacun se précipite au guichet. La demoiselle de service est ahurie... Cette invasion de journalistes lui cause une certaine émotion. Mais sa besogne est vite expédiée et à l'instant précis où nous pénétrions dans l'interminable tunnel du Mont Cenis, tous les grands journaux de Paris étaient avisés que leurs rédacteurs, franchissaient allègrement la frontière.

La monotonie du voyage dans les ténèbres est rompue par la visite de la douane.

Nous sommes traités non comme le *vulgum pecus,* mais avec des égards qui ne sont pas à dédaigner. La visite des bagages n'a pas eu lieu comme elle se pratique généralement à la gare de Modane. Nous avons évité la cohue et l'énervement que ne manque jamais de produire l'agaçante opération.

Les douaniers, deux préposés et un officier, passent dans chaque compartiment. L'officier, très poli, salue et en bon français, avec l'accent italien toutefois :

— Vous n'avez rien à déclarer ?

— Rien ! Monsieur.

— Bonjour !

— Au revoir !

Et c'est tout... Avouez que voilà une visite plutôt agréable.

Pour les malles on se montre un peu plus exigeant. Mais tout se borne en somme à une promenade cahotante, jusqu'au fourgon, où nous trouvons l'officier, courtois, aimable, qui renouvelle son salut, pose la question traditionnelle et finit par nous rendre notre liberté sans plus insister.

A Bardonèche, les douaniers descendent. C'est le moment d'aller faire un tour au restaurant. Les petites tables sont vite garnies de convives dont l'appétit a été aiguisé par l'air matinal. Les journalistes devisent, font des projets, parlent de Rome, du café Aragno où on pourra se rafraîchir et d'où on verra défiler les équipages de l'aristocratie Romaine à l'heure de la promenade.

Une vingtaine d'Anglais qui se sont empressés de franchir le détroit et de filer sur Rome pour assister aux funérailles du « Pope », occupent les bons coins.

Ils sont toujours envahissants ces bons Insulaires !

De leurs petites tables, ils sont admirablement placés pour contempler la vallée verdoyante. Ils ne perdent d'ailleurs pas un coup de dent !

Nous arrivons à Turin pour prendre le café.

Là, première alerte pour les journalistes.

Les journaux locaux ont publié une édition spéciale. Les dépêches de Rome annoncent que non seulement le Pape n'est pas encore mort, mais que le docteur Lapponi a appelé en consultation son éminent confrère le professeur Mazzoni, celui là même qui opéra Léon XIII d'un kyste, il y a trois ans.

Cela nous prouve qu'on conserve quelque espoir.

— Vous verrez que nous arriverons à Rome juste pour télégraphier la nouvelle de la mort, dit un journaliste.

— A moins que nous ne trouvions Léon XIII hors de danger, demain.

— Ce serait plaisant... Aller à Rome, en pleine canicule, pour annoncer que tout va bien au Vatican. Quelle jolie aventure !

Le train repart. La chaleur devenue accablante transforme le wagon en véritable étuve. Nous commençons à faire un sérieux apprentissage de la vie que nous allons mener à Rome.

Nous arrivons vers six heures du soir à Gênes, assez fourbus, ayant faim et soif.

Nous comptons bien nous restaurer au buffet.

Le souper commence... On sert le potage. Déjà le consommé est avalé et nous allons passer à des plats plus résistants.

— *Partenza !... Partenza !...*

— Quoi !... Qu'est-ce qu'il y a...

— *Si parte !...* On part, pour Rome en voiture !...

— Ah ! Elle est bonne !... Mais le souper.

— Tant pis... Nous sommes en retard !... En voiture.

Déjà les portières se ferment. Nous sommes obligés de lâcher fourchette et le reste et nous avons juste le temps de nous engouffrer dans la voiture.

A ce moment il se produit quelque chose de cocasse.

Le maître d'hôtel se précipite derrière nous en hurlant :

— *Sei Lire !... Sei Lire !...* Six francs !... Six francs. Payez.

Vous pensez si le bonhomme fut bien reçu. Il voulait nous faire verser six francs pour nous avoir servi un mauvais bouillon !...

— Mais mon dîner était prêt !... Ce n'est pas ma faute !... Il faut me payer *signori !...*

— Allez réclamer à la Compagnie des chemins de fer.

— Vous êtes de mèche avec elle !... Enfin, il finit par nous extorquer deux francs que nous versons en rechignant.

Ce semblant de souper, même à ce prix, est vraiment trop cher.

Au moment où le train s'ébranlait, un négociant Gênois pénètre dans mon compartiment, un exemplaire du *XIXᶜ Siècle,* de Gênes à la main.

— Quoi de nouveau ?

— Le Pape est sauvé !

— Ah bah !...

— Tenez lisez !...

Je vois en effet que l'opération tentée par le docteur Mazzoni a parfaitement réussi. Le denouement fatal n'est plus imminent. Des chances de guérison subsistent. Allons, nous assisterons au *Te Deum* d'actions de grâces. Ce sera toujours une belle cérémonie que nous verrons à Saint-Pierre.

La nuit se passa bien, la chaleur était devenue supportable. A six heures du matin nous fûmes réveillés à Civita-Vecchia par les cris des vendeurs de journaux.

Mon excellent confrère des *Débats* qui occupait la couchette placée en face de la mienne passe la tête à la portière et hèle un des vendeurs.

— *Ecco !...* Il *Messagero ?...* Va pour le *Messagero !...*

Le journal romain donne force détails sur l'opération. Le mieux est réel. Léon XIII qui malgré son grand âge possède une constitution admirable résistera longtemps. Il guérira peut-être.....

— Eh bien, nous voilà propres !...

J'avoue carrément que pour des journalistes venus de loin, par cette chaleur atroce, les dernières nouvelles étaient plutôt désagréables.

A huit heures du matin nous débarquons à Rome et nous constatons immédiatement que la Ville entière ne s'occupe

Que de pensées convergent en ce moment, de tous les points de l'Univers vers la chambre de la tour Léonine, où s'éteint une des plus belles intelligences qui aient illuminé l'Humanité !

C'est l'esprit absorbé par cette idée, du grand Pape mourant si près de moi, que je pénètre dans la grandiose Basilique.

Une délicieuse fraîcheur règne sous les voûtes titanesques.

Que de fois, au cours de mes précédents voyages à Rome, j'ai visité cette merveille. Toujours j'y ai découvert de nouveaux sujets d'admiration et d'étonnement ?

Une première visite est plutôt décevante. On arrive à Saint-Pierre pensant jouir de suite, d'un spectacle d'une grandeur écrasante. Mais l'harmonie de l'édifice est telle, mais tout y est si grand, si proportionné que les points de comparaison manquant, on ne peut à première vue découvrir les stupéfiantes dimensions, les sublimes beautés du Temple métropolitain du catholicisme.

En y pénétrant le 8 juillet dernier, je pouvais grâce à mes patientes recherches de jadis, saisir l'ensemble sublime, me laisser pénétrer par l'idée géniale qui avait présidé à la conception et à la réalisation du chef d'œuvre.

D'ailleurs, les circonstances présentes, l'agonie d'un Pape, donnaient à ces choses, aux colosses de marbre et aux figures géantes en mosaïque, un air de tragique grandeur.

Je me dirige immédiatement vers la chapelle Julienne. Me voici près de la porte de la coupole.

Au-dessus, le sarcophage en bois peint, indique l'endroit où la dépouille des Pontifes est déposée avant l'inhumation finale dans les tombeaux choisis, de leur vivant, par les défunts.

C'est donc là, que dans quelques jours viendra dormir le grand sommeil, cet homme qui présida de façon si sublime aux destinées de l'Eglise.

J'étais rêveur, lorsque j'entends prononcer mon nom.

Je me retourne et j'aperçois un brave guide qui m'avait connu jadis lors d'un de mes précédents voyages à Rome.

— Eh *signor !*... Bonjour, comment allez-vous?

— Mais fort bien !... Tenez vous arrivez à propos. Vous qui connaissez tous les coins et les recoins du Vatican, ne pourriez vous pas m'indiquer un moyen de pénétrer jusqu'à la cour Saint-Damase? Je n'avais pu encore me munir des laissez-passer qui plus tard m'ouvrirent toutes grandes les portes les plus rébarbatives.

— Mais comment donc, répondit le guide. Venez, vous verrez comme c'est facile... Avec moi bien entendu, ajouta-t-il en prenant un air d'importance.

Je le suis, assez content de pouvoir, sans perdre une minute, courir à la source même des nouvelles.

Près de la porte de bronze, une dizaine de carabiniers et d'agents de police italiens font les cent pas.

Des journalistes guettent la sortie des familliers pour les assaillir de demandes.

A mesure que nous approchons de l'entrée, je remarque que mon bonhomme perd de sa belle assurance.

Le Suisse de faction, qui se tient sur le seuil nous arrête.

— On ne passe pas !...

— Tu sais, toi, murmure le guide, si tu ne fais pas l'imbécile, il y aura un *mezzo litro* ce soir... Et du *chianti*, du fameux !...

Mais cette tentative de corruption ne réussit pas. Le Suisse se fâche.

— *Vada Via* !... Ce qui en bon français peut se traduire par l'expression énergique : « f..... le camp ! ».

Le guide est navré, il va compromettre et sa réputation et... la pièce qu'il a déjà escomptée.

Il s'approche de nouveau du Suisse.

— Quel est le sergent de garde ?

— Tu veux connaître le sergent... Attends un peu.

Le factionnaire se tourne et appelle son chef.

Ce dernier sort du corps de garde... Ah !... Si vous aviez vu cette fuite éperdue de mon bonhomme à la vue du sergent !...

Je ne puis m'empêcher de rire aux éclats.

Cependant, le sergent, un petit homme aux mollets réduits, à la barbiche hérissée, me regardait de travers.

Je vis de suite que le cerbère n'avait pas volé sa réputation.

— Que désirez-vous me dit-il en italien.

— Je voudrais aller prendre connaissance du bulletin.

— Impossible pour le moment... Venez ce soir.

— Ce soir !... Mais dites donc vous, assez de plaisanterie...

J'ai fait un voyage de trente six heures pour venir chercher au Vatican des nouvelles précises et je suis obligé de les transmettre sans tarder aux lecteurs de la *Patrie* qui les attendent. Veuillez me laisser passer.

Le sergent me lance un regard furibond. Sa barbiche s'agite... Ne va-t-il pas me fourrer au clou !... Après tout je ne serai pas fâché de faire connaissance avec la salle de police des Suisses.

Mais il s'efface enfin. Mon air assuré, la carte tricolore de la *Patrie* que je brandis semblent lui en imposer.

— Allez !... Me dit-il.

Ce ne sont pas des Suisses pour rire, vous savez, ceux qui montent la garde à la porte de bronze !...

Au sommet de l'escalier de Pie IX, je trouve les gendarmes pontificaux.

Le brigadier, la main au képi et poliment me demande où je vais. Je m'explique...

— Bolletino ?... Vous venez pour voir le bulletin ?... Làbas à droite... Je me dirige vers la porte désignée. Arrivé au bas du grand escalier qui mène aux appartements du Pape, je suis témoin d'une scène très amusante.

Trois Anglais en costume de touristes, lorgnette en

bandoulière gesticulent, grognent, font mine de vouloir boxer.

Un agent de police en bourgeois les contient à grand peine. Mais le suisse qui veille la hallebarde au poing dans le vestibule vient à la rescousse.

Les insulaires devant ce renfort battent en retraite.

— Nòs étions vénus dé la Angléterre pour voir mourir le Pope !... Nô voulons voir mourir le Pope !...

— Allez vous promener, tas d'Englischs, crie le Suisse...

Et en effet, ces singuliers personnages se décidèrent à partir, non sans avoir montré le poing au soldat qui s'esclaffe.

J'arrive enfin jusqu'à la pièce, où on distribuait les bulletin rédigés deux fois par jour par les docteurs Mazzoni et Lapponi. Pour la première fois, je lus ces feuilles qui pendant quinze jours tinrent Rome et l'Univers entier, entre l'espérance et la crainte, ces feuilles que je conserve comme le souvenir de tant d'émotions ressenties.

Du Vatican à la place d'Espagne

A SAINTE-MARIE DU PEUPLE — LE SÉMINAIRE GERMANIQUE — UN BAMBINO QUI TAPE SUR UN CERCUEIL — INTERVIEW DU DOCTEUR MAZZONI — L'ANXIÉTÉ DE LA POPULATION.

Cette journée du mercredi 8 juillet fut une des plus anxieuses que nous vécumes durant la maladie de Léon XIII.

Certes, l'opération avait produit un soulagement sensible. Le bulletin indiquait ce mieux et ajoutait que l'Auguste vieillard n'était plus à toute extrémité. Mais du Vatican les nouvelles venaient plus alarmantes, que les affirmations des médecins.

Au moment où je quittais les Palais apostoliques, je pus m'entretenir quelques instants avec le camérier privé du Pape, De Castro.

Ce dernier, brisé par la fatigue et l'émotion, me dit textuellement :

— Il n'y a plus aucun espoir, il s'éteint lentement !...

D'abondantes larmes coulaient sur le visage du camérier.

— Mais le bulletin est rassurant, lui dis-je.

— Ne vous y trompez pas. Si l'opération, en débarrassant le malade du liquide qui menaçait de l'étouffer, l'a momentanément soulagé, l'état général reste très grave. Le Pontife lui-même sait à quoi s'en tenir.

Ce matin, vers cinq heures et demie, il a voulu recevoir le viatique une deuxième fois. Mgr Marzolini lui a donné la communion. Après l'émouvante cérémonie, sa Sainteté a appelé autour de son lit, Mgr Bisletti, maître de chambre, Mgr Marzolini, Pio Centra, et votre serviteur. Lorsqu'il nous a vus près de lui, il a prononcé la phrase suivante :

— Je sens que le moment approche de vous faire mes adieux. Je m'en vais dans l'Eternité !

Et pour la première fois, j'ai lu dans le regard de Léon XIII que le ressort suprême de cette vie si forte, va se briser. Le Saint-Père était réellement conscient de sa fin prochaine.

Je pris congé du camérier secret, après l'avoir remercié des renseignements qu'il avait bien voulu me donner.

Ce n'était donc pas le moment de se bercer de vaines illusions. Léon XIII allait mourir. Mais le fatal événement quand se produirait-il ? Demain ou dans quinze jours ?... Pour nous, commença alors cette vie d'incertitude, cette période d'attente fébrile durant laquelle nous ne cessâmes de courir de la porte de bronze au télégraphe, expédiant des dépêches tour à tour rassurantes et désespérées.

Je revenais à mon hôtel et étais déjà arrivé sur la place du Peuple, lorsque mon attention fut attirée par les soutanes écarlates, des Elèves du Séminaire Germanique qui pénétraient dans l'église de Sainte-Marie du Peuple.

Les Séminaristes, dont le pittoresque costume est une des curiosités de Rome, allaient prier pour Léon XIII.

Je les suivis. Leur oraison fut ardente. Mais ils priaient dans leur langue tudesque et j'ai négligé jusqu'à présent de lier connaissance avec elle. Aussi me préparai-je à sortir. Je n'en fis rien cependant. Un convoi funèbre faisait à ce moment même son entrée dans l'église. Je voulus assister à la triste cérémonie.

Elle me parut très différente des funérailles, telles qu'on les célèbre en France.

Le cercueil fut posé par terre, tout simplement. Quelques personnes du cortège se rendirent à la sacristie et revinrent avec des chandeliers en fer sur lesquels on fixa les cierges.

D'autres allèrent se procurer des chaises, qui furent offertes aux membres de la famille. Une dizaine de jeunes filles tout de noir habillées, se rangèrent en cercle autour du cercueil.

Profitant de l'inattention générale, un gamin de trois ans environ, s'était approché de la sinistre boîte.

Il commença aussitôt à taper dessus avec un entrain endiablé.

Le spectacle n'était pas banal du tout.

Le sacristain bondit sur le gamin, lui administra une taloche et l'empoignant par le fond de sa culotte il alla le porter à sa mère qui compléta la correction. Et la cérémonie commença. Tout ce passa à la bonne franquette ; on n'est pas gourmé en Italie, même aux enterrements. D'ailleurs, dans ce pays de lumière, les choses sont réfractaires au deuil. Il y a dans l'ambiance, de la joie, du rire et on se laisse difficilement pénétrer par les idées de tristesse.

En arrivant à l'hôtel, j'appris avec plaisir, que le chirurgien Mazzoni avait ses appartements dans la maison qui faisait face exactement à la chambre que j'allais occuper.

Il allait m'être facile de surveiller les allées et venues du célèbre chirurgien, et même de l'approcher.

Quelques heures plus tard, je pus obtenir de sa bouche quelques renseignements, vagues il est vrai, mais qui me donnèrent une idée exacte de la situation.

On m'avait prévenu qu'à cinq heures du soir très exactement, le docteur Mazzoni se rendait au Vatican. En effet, à quatre heures trois quarts, la voiture de place dont il se sert habituellement, vint se ranger devant le portail. Je n'hésitai pas un instant. Sans m'attarder à parlementer avec le portier qui avait reçu l'ordre d'arrêter les solliciteurs de nouvelles et surtout de barrer la route aux journalistes, race importune, je me dirigeai vers les appartements du chirurgien.

Je n'eus pas le temps d'arriver jusqu'à l'étage qu'il occupait.

Sur le palier du premier, je croisai l'homme qui la veille avait opéré Léon XIII; je l'abordai.

— Vous m'excuserez, lui dis-je, mais vous m'obligeriez infiniment si vous vouliez me dire si les jours du Pape sont en danger !

— Mais je n'en sais pas plus long que ce matin, me répondit Mazzoni. Vous avez lu le bulletin ?

— Oui, mais j'aurai besoin de connaître votre opinion sur l'état général. Les bulletins notent les phases de la maladie. Pensez-vous que l'issue sera fatale.

— Eh que voulez-vous que je vous dise ?... Léon XIII est deux fois malade. Sa vieillesse est plus à redouter que le reste.

— Vous savez, docteur, je viens de loin. En France on attend impatiemment des nouvelles. Si réellement le Pape peut vivre encore quelques mois, vous me rendriez un grand service, si vous vouliez bien me le dire. Ce soir même je reprendrais le train.

— Restez !...

Ce fut tout. Le docteur Mazzoni disparut après m'avoir dit ce que je voulais savoir.

Les lecteurs de la *Patrie* ont pu voir, en lisant mes dépêches que je ne m'abandonnai jamais à un espoir trompeur. Plus tard, les bulletins devinrent plus rassurants. Déjà on parlait de guérison, de convalescence. Plusieurs confrères déclarèrent dans leurs correspondances que le dénouement était reporté à plusieurs mois. On alla même jusqu'à dire que Léon XIII deviendrait centenaire. Pour ma part, je me contentais de tenir le journal au courant de la situation, tout en affirmant que les forces de l'auguste malade déclinaient et que le jour où cette grande intelligence allait s'éteindre était proche.

D'ailleurs, le soir même du 8 juillet, la population de Rome eut une alerte très vive.

Vers 7 heures, la cour Saint-Damase était particulièrement animée.

Les carosses des cardinaux et des ambassadeurs, encombraient toute la partie de la place, située le long de la galerie où se trouve la pharmacie du Vatican.

Des groupes de journalistes se tenaient près du corps de garde des palatins. Des moines, des jeunes abbés, des prélats, se promenaient anxieux, partagés entre la crainte et l'espérance.

Plusieurs représentants du Patriciat Romain causaient, à l'écart.

Je vis tout à coup le comte Ludovico Pecci, neveu de Léon XIII, descendre l'escalier et courir vers la pharmacie.

Le colonel de la garde Palatine était défait et avait les yeux pleins de larmes.

Cette émotion du comte Pecci n'indiquait rien de bon.

En effet, le bulletin que le commandeur Puccinelli nous lut peu d'instants après, détruisait l'espérance qu'avait fait naître celui de la veille. Le cœur s'affaiblissait, les reins ne fonctionnaient presque plus, la cyanose gagnait les mains.

Lorsque les journaux du soir publièrent ce bulletin, une anxiété terrible s'empara de la ville entière. On redouta la fin pour la nuit même. Les voitures affluèrent vers le Borgo. Sur la place Saint-Pierre, autour de l'obélisque surtout, la foule augmenta de minute en minute. De là, on apercevait bien les fenêtres des appartements de Léon XIII. Les volets de la chambre où agonisait le Pontife étaient closes. Mais, dans l'antichambre et dans la salle du trône, des lumières indiquaient que les cardinaux veillaient.

Le Corps de Léon XIII exposé a Saint-Pierre

GARDE-NOBLE

De plus en plus ont cru que le Pape allait mourir avant l'aube.

Les premières lueurs du jour nous trouvèrent sur la place. Malgré la fatigue du voyage, il nous fut impossible de nous éloigner des sublimes murailles, car nous attendions de minute en minute la nouvelle fatale, et nous avions à cœur de la faire connaître sans tarder aux lecteurs de nos journaux.

Mais, à cinq heures du matin, nous vîmes le fidèle Centra ouvrir tranquillement la fenêtre de la chambre de Léon XIII.

Le fils du docteur Lapponi sortit par la porte de bronze et voulut bien nous dire que le Pape reposait.

Nous nous empressâmes de terminer l'interminable et dure faction, que nous allions reprendre si souvent !

La Lutte contre la Mort

UN CONCLAVE DE JOURNALISTES — LA COUR SAINT-DAMASE
A DIX HEURES DU SOIR — IMPRESSIONS NOCTURNES —
ENDORMIE SOUS LA PROTECTION DU SUISSE.

Dès le 7 juillet, une véritable armée de journalistes
étrangers avait envahi la ville éternelle.

J'avais déjà eu l'occasion de rencontrer en Espagne lors
de la guerre Hispano-Américaine, à Marseille, au débarque-
ment de Kruger, à Rome même, au jour des funérailles du
roi Humbert, les reporters internationaux. Mais jamais ils
n'avaient été si nombreux.

Au café Aragno, ils accaparaient les tables. Là, se
donnaient rendez-vous les Français, les Espagnols, les
Allemands, les Belges, les Anglais, etc., etc. C'est de là
aussi que prirent leur vol les canards Américains qui furent
amoureusement adoptés par maints journaux du Continent.

Mais les grandes assises de la presse se tenaient à la
salle de la presse, au télégraphe. Nos confrères italiens qui
possèdent à Rome une association florissante, un cercle
prospère, disposent également d'une pièce vaste et fort bien
aménagée dans l'immeuble même de l'hôtel des postes. Ils
peuvent y travailler, y recevoir les nouvelles par le téléphone

et les transmettre sans retard aux journaux. On mit cette salle à notre disposition avec une courtoisie parfaite.

Aussi tous les soirs, surtout après le premier coup de feu, alors que les télégrammes étaient partis par milliers, on potinait ferme dans la *sala della stampa*.

Le grand sujet des conversations était naturellement la maladie de Léon XIII.

Mais on se livrait aussi à mille prévisions sur le futur conclave. Les *papabili* étaient passés en revue, appréciés, discutés impitoyablement. Les Français pariaient pour Rampolla, tandis que les Allemands affirmaient leur sympathie pour Gotti; Agliardi était le candidat des Italiens. Bref, tous les soirs, nous tenions une espèce de Conclave, au cours duquel nous élisions des papes à tour de bras.

En sortant, la visite à la cour Saint-Damase, s'imposait.

Les voitures de place nous véhiculaient jusqu'à la place Saint-Pierre, en passant par le pont Saint-Ange. L'heure était délicieuse. A la chaleur de la journée avait alors succédé une fraîcheur vivifiante. La brise caressait les fronts et dilatait les poitrines.

On a fait à Rome une mauvaise réputation. Même au plus fort de l'été, le matin et le soir on y jouit d'une fraîcheur qu'on chercherait en vain dans des pays plus septentrionaux.

Nous mettions pied à terre près de la porte de bronze, et quelques instants après, nous nous mêlions à la foule qui déjà encombrait la cour Saint-Damase.

Les trois ailes du grandiose palais qui entourentt la place sont éclairées par les rayons de la lune.

Là-haut, les grands vitraux des loges de Raphaël étincellent.

Grâce à la douce et mystérieuse clarté on aperçoit les marbres qui rappellent le souvenir de Sixte X, de Clément XIV, de Pie IX, qui embellirent cette cour splendide.

La petite fontaine qui chante tristement au centre du portique, face à l'entrée, est l'unique trace qui reste du travail gigantesque du pape Saint-Damase. C'est ce Pontife en effet qui fit amener les eaux, qui jaillissent encore aujourd'hui en nappes écumantes sur la place Saint-Pierre et se déversent en torrents dans la ville tout entière.

L'animation qui règne dans la cour est grande.

Voici les gardes suisses qui vont relever les camarades de faction dans les escaliers pontificaux. Les éperons des gendarmes font un cliquetis guerrier. De la foule monte une rumeur discrète ; toutes ces personnes, hommes et femmes, prêtres et moines parlent à voix basse, disent leurs craintes et leurs espoirs.

Mais voici le bulletin... Une poussée se produit ; chacun s'empare de la feuille tant attendue et s'en va la lire à la lumière électrique qui éclaire l'escalier de Pie IX.

Bientôt la cour se vide, la patrouille des gendarmes fait le tour des galeries et invite les retardataires à se retirer.

A onze heures, la porte de bronze se ferme et on en est réduit à l'attente douloureuse, sur la place Saint-Pierre.

Là, on peut stationner ; là, on a le droit de s'appuyer sur les pierres séculaires et de contempler la masse sombre du palais des papes où se joue un grand drame.

Jusqu'à l'aube, un groupe nombreux se tient près de l'obélisque. Les noctambules fixent obstinément les trois fenêtres d'angle du Vatican. C'est derrière ces volets clos que le pape agonise !

Durant ces heures d'anxiété et d'attente, l'aspect de la place est imposant. La lune rayonne dans un ciel d'une limpidité idéale ; elle répand sa lumière sur l'œuvre colossale de Bernin et met en saisissant relief les statues qui se dressent, troublants fantômes sur le faîte des colonnes.

Les saints et les martyrs sont entourés d'une auréole et apparaissent extraordinairement blancs.

On est tellement impressionné par la solennité des circonstances et par la paix mystérieuse qui plane sur ces choses sublimes, qu'on se laisse abuser par des illusions troublantes.

Vraiment elles se meuvent les statues !... Elles qui ont entendu les glas annonçant la mort de tant de papes, perçoivent elles déjà la funèbre harmonie du glas de demain ?

Je crois les voir se pencher, avancer la tête vers le Vatican pour guetter l'instant suprème, pour contempler le drame qui se joue là-haut, dans la chambre de la tour Léonine.

Au fond, la façade de la basilique, masse énorme, se perd dans l'ombre.

Pour résumer et traduire bien les impressions que faisait naître cette veillée sur la place Saint-Pierre, je veux donner ici une page vibrante écrite par mon confrère Oliva, dans le *Giornale d'Italia.*

« Tous ceux qui, par une magnifique nuit lunaire, s'acheminent vers la place Saint-Pierre pour interroger la masse noire et profonde du palais pontifical, comme si ces pierres étaient animées et pouvaient répondre, se disent, demain Léon XIII sera-t-il encore vivant ? Ou bien, la lutte que l'admirable vieillard soutient contre la mort se prolongerat-elle encore ? Va-t-il triompher le Pontife, qui prie non pour sa vie terrestre, mais pour la vie immortelle de son àme.

« C'est incroyable !... L'espoir de l'univers entier va contre le doute des vaillants médecins, contre le découragement des familiers du Vatican.

« Croyants et libres penseurs, catholiques et païens, cléricaux et libéraux, tous se sont rangés du côté de l'Homme contre la mort, tous voudraient que Léon XIII remporta une autre victoire, tous attendent le miracle qui fera dire aux nations stupéfaites : « Le Pontife est hors de danger !... Le Pontife est sauvé.

« Les jours passent et les nuits ; le drame devient de plus en plus poignant. A chaque minute, la lutte entre l'invisible et le héros si pâle qui lève seulement la main pour bénir, se fait plus tragique. Cela, on le sait, malgré le mystère qui entoure le Vatican, malgré la rigueur des ordres, de cette consigne qui voudrait éloigner l'ardente curiosité du public du seuil du fameux palais, battu en tous temps par les flots des passions, flots d'amour, flots de haine.

« C'est en vain qu'on voudrait détourner les regards et les cœurs qui convergent vers la tour Léonine !

« Les forces ne sont pas égales. D'un côté une puissance occulte, mais effrayante, qui étend son empire inflexible sur tous les âges, qui nous guette à toute heure, qui frappe le cœur des fils, qui déchire l'âme des mères, qui ne se laisse attendrir ni par les puissants ni par les faibles, qui comme l'a chanté le poëte dont les pages furent si souvent tournées par les mains tremblantes de Léon XIII.

« ..... *Œquo pulsat pede pauperum tabernas. Regumque turres...*

« Elle est toujours vigoureuse, toujours active, toujours jeune, toujours nécessaire, cette puissance, qui prépare « le même sort à tous les humains », selon les versets de l'Ecclésiaste.

« Elle veut terrasser aujourd'hui un homme faible, exténué, debout depuis près d'un siècle !... Et il semble pourtant que l'homme résiste obstinément !... Une grande résignation est sur son visage et dans son esprit. *Fiat voluntas tua*, voilà sa pensée. *Nous nous approchons de l'Eternité*, voilà son langage. Ce n'est pas le rebelle qui sottement et désespérément s'accroche à la vie.

« On dirait un vaincu. Mais toutes les sympathies vont à ce moribond, à celui qui attend avec une si grande noblesse, l'heure suprême.

« Il y a dans ce vieillard que la mort n'ose toucher, une beauté sublime, une beauté limpide et majestueuse dans sa grande simplicité, qui force l'admiration, non seulement des âmes bien nées, mais aussi de tous les indifférents.

« On dirait un vaincu, mais il ne l'est pas encore. On sent se raidir en lui cette énergie qui l'a maintenu si vivant malgré ses quatre-vingt-quatorze ans. Cette énergie qui l'animait, lorsque se levant de la *sedia gestatoria*, vibrant de joie, il donnait aux milliers de fidèles réunis sous les voûtes de l'immense basilique, la bénédiction apostolique.

« Elle lutte contre la mort, cette volonté de fer qui maîtrisa le corps débile et lui permit de mener si loin son glorieux Pontificat, avec l'intelligence toujours subtile et toujours animée du désir ardent de rendre plus grande et plus belle l'Eglise catholique...

« Il est sur son lit de douleur, affaissé et brisé, mais dans l'œil noir se rencontre encore la vie. Inclinons nous tous devant lui, inclinez vous, même si vous ne savez pas prier. »

Ces lignes disent bien, qu'elles étaient les pensées qui agitaient alors tous les esprits, à Rome et dans le monde entier.

Elles traduisent admirablement les impressions, que laissèrent dans mon âme les heures nocturnes vécues, sur la place Saint Pierre.

Un soir, après avoir rêvé longtemps, assis sur un des gradins qui mènent à la basilique, j'allai faire une promenade derrière le Vatican en suivant la Via delle Fondamenta.

La solitude était absolue. Une étrange émotion naissait en moi, à l'aspect des murailles immenses, qui me semblaient plus grandes, plus mystérieuses encore, à cette heure indue.

J'arrivai, à la porte de la *Zecca*, lorsque je ne fus pas peu surpris d'apercevoir, près de l'entrée par où passent les voitures qui vont à la cour Saint Damase, une femme dormant paisiblement. A ses côtés reposait un enfant. Sur le visage du bébé errait un sourire angélique.

Le bruit de mes pas attira, l'attention du suisse de garde.

Je vis surgir la silhouette du soldat.

— Où allez-vous, me dit-il?

— Je me promène, mon brave.

— Ah!... surtout ne réveillez pas le bambino!

— Mais pourquoi cette femme et cet enfant sont-ils là?

— La pauvresse est arrivée des environs de Carpinetto ce soir même. Elle avait reçu il y a quelque temps un secours du Pape et apprenant que le souverain Pontife était dangereusement malade, elle est partie à pied, emportant son enfant, pour venir voir le Pape et le sauver, dit-elle.

— Je prierai tant, m'a-t-elle dit, que Papa Leone guérira!...

— Pauvre femme!...

— Elle est arrivée tard et je n'ai pu la faire coucher au Vatican. Mais elle a mangé, j'ai fait venir du lait pour l'enfant et je veille sur eux. Demain mes chefs aviseront.

Je remis quelque monnaie au soldat pour qu'il la donna le lendemain à cette malheureuse.

Le suisse prit les pièces et les posa à terre près de l'enfant.

— En se réveillant, la *cioccera* (1) les trouvera et je dirai que c'est Papa Leone qui les a envoyées.

(1) Campagnarde.

Les derniers jours de Léon XIII

RADIEUSE AURORE — PIO CENTRA LE FIDÈLE VALET — LES
JOURNALISTES MYSTIFIÉS — CHAUDE ALERTE — LE
DOCTEUR MAZZONI SE FACHE — ALLEZ VOUS COUCHER !...

Pour être les premiers à télégraphier la nouvelle de la
mort du grand Pape, les journalistes avaient pris les pré-
cautions les plus minutieuses.

Si l'événement survenait pendant le jour, aucune sur-
prise n'était à craindre. Il s'agissait simplement dans ce
cas, d'arriver avant les autres au bureau du télégraphe, de
gagner le prix dans le steeple-chase insensé, qui devait se
courir dès la fermeture de la porte de bronze.

Mais la nuit, on pouvait facilement se laisser distancer
par les plus vigilants.

J'ai connu des confrères, qui luttèrent désespérément des
cinq et six nuits contre le sommeil. Installés dans un petit
café qui se trouve en face de l'entrée de la colonnade de
droite, ils avaient recours à tous les moyens pour rester
éveillés. De temps à autre, une ronde s'organisait.

Elle poussait une pointe jusqu'à la porte de bronze, elle
examinait la façade du Vatican, elle allait même jusqu'à la
porte de la *Zecca* (Monnaie) et après avoir constaté que

rien d'anormal ne se produisait, elle rentrait au..... corps de garde.

— Rien de nouveau?... interrogeaient les camarades.

— Rien!...

— Alors, faisons une partie...

Les malheureux reprenaient les cartes et entamaient une partie qui se traînait lamentable, jusqu'à l'aube.

J'ai pu éviter ces stations épuisantes, au café Chiara.

En cas d'aggravation subite de l'auguste malade, j'étais sûr d'être prévenu.

L'appel nocturne ne me réveilla qu'une seule fois.

Il était deux heures du matin. Tout à coup les vitres de ma chambre tintèrent.

Le signal me trouvait éveillé. Je courus au balcon.

— *Signor*, me dit la personne chargée de me prévenir, le docteur Mazzoni a été appelé d'urgence auprès du Pape. Il vient de partir. Le cardinal Oreglia est également allé au Vatican. La fin est imminente.

Je ne fus pas long à m'habiller. A deux heures vingt, j'étais sur la place Saint-Pierre. Les journalistes qui montaient la garde au café, étaient bouleversés. Plusieurs s'étaient munis de bicyclettes; ils attendaient fièvreusement la nouvelle de la mort.

La présence du camerlingue près du malade à une heure si indue, indiquait clairement que l'instant fatal approchait.

Mais les heures passèrent et rien ne vint nous avertir que Léon XIII avait enfin rendu sa belle âme à Dieu.

Le docteur Mazzoni avait pu nous dépister. Son cocher était parvenu, en faisant force détours à éviter l'assaut des reporters.

Vers trois heures et demie, du côté du château Saint-Ange, l'horizon devint rose.

Les étoiles palpitent encore au firmament, mais déjà leur clarté pâlit devant la lumière naissante.

Dans le lointain, le chant du coq éclate triomphant et

salue le retour du jour. Les hirondelles s'élancent joyeuses de la façade de Saint-Pierre, qu'illuminent les premiers rayons du soleil.

Cette radieuse matinée annonce une journée brûlante.

— C'est un *impérial* lever de soleil, murmure à mes côtés un confrère.

Ils sont toujours pompeux, les Romains.

Mais un cris s'élève du groupe des reporters:

— Il est mort!...

Voici un, deux, trois confrères qui enfourchent leurs bécanes!... Ils n'arriveront pas en retard ceux-là!...

Ils risquèrent même d'arriver singulièrement en avance. Un d'eux, lancé à grande allure ne put revenir de son erreur et s'en alla télégraphier que Léon XIII venait d'expirer.

Voici quelle était la cause de l'alerte.

Centra, le fidèle valet de Léon XIII, commençait à être fatigué du continuel espionnage qui se pratiquait aux abords du Vatican.

Ce matin-là, il voulut jouer un bon tour à toutes ces sentinelles qui ne cessaient de surveiller les fenêtres des appartements pontificaux.

A l'heure habituelle, il ouvrit toutes grandes, les persiennes. Mais au lieu de les fermer quelques instants après comme il le faisait d'habitude, il les laissa ouvertes.

Au dire des gens bien informés, c'était là un signe évident de la mort du Pontife.

La ruse réussit pleinement... Le groupe des factionnaires ne tarda pas à se disloquer à la grande joie de Centra.

Ce fut d'ailleurs, une des rares distractions que se permit le fidèle serviteur. Depuis quinze jours, il ne riait plus. Privé de sommeil, brisé par la fatigue et la douleur, le pauvre homme que je pus voir de près, présentait un aspect lamentable.

Centra n'était pas le seul à en avoir assez de l'importunité des journalistes. Le docteur Mazzoni qui, au début de la maladie nous accueillait avec tant de courtoisie était devenu nerveux et rébarbatif.

Il faut avouer d'ailleurs, qu'il endurait un véritable supplice.

Sans compter les soucis que lui valait la maladie de Léon XIII, il était devenu l'objet de la curiosité universelle. Dans la rue, sa voiture était arrêtée à chaque instant. En un clin d'œil il était entouré par plusieurs personnes qui se hissaient sur les marche-pieds, s'installaient à ses côtés, le questionnaient, le suppliaient, l'agaçaient prodigieusement.

A peine avait-il échappé à une bande, qu'une autre surgissait au coin de la rue voisine et s'emparait de lui.

Sa maison ne pouvait plus le soustraire à cette terrible obsession.

Très souvent, en arrivant chez lui, il ne pouvait faire jouer la clef dans la serrure. Il sonnait, son domestique accourait, examinait la serrure et en tirait un billet. C'était un reporter qui sollicitait une entrevue!...

La sonnette du téléphone carillonnait sans cesse.

Un soir, un de nos confrères commit l'imprudence d'appeler l'éminent chirurgien à l'appareil.

Je tenais un des récepteurs...

— Avec qui, ai-je l'honneur de parler, interrogea la voix brève et presque irritée du professeur?

— Veuillez m'excuser, monsieur, si je vous dérange.

— Qui êtes-vous?

— Je suis M. X..., du T..., que vous connaissez bien.

— Ah!... c'est vous... Parbleu, si je vous connais!... Depuis quelques jours je ne vous connais que trop. Allez vous coucher!... Ou si vous préférez, allez au diable!...

Tête du confrère, et joyeux éclat de rire que je ne pus réprimer en voyant sa mine longue, longue!...

La Mort de Léon XIII

EMPIRIQUES ET CHARLATANS — MERVEILLEUSE RÉSISTANCE — GUÉRISON PROBABLE !... — JOURNÉE ACCABLANTE — L'AVANT DERNIER BULLETIN — LA MORT DE LÉON XIII L'ASSAUT DU TÉLÉGRAPHE — LA SOIRÉE A ROME.

On prétendait, il y a quelques mois, que la papauté avait perdu tout prestige !

Pour juger la valeur de cette assertion, il suffisait de jeter un coup d'œil, sur le monceau de télégrammes qui s'élevait chaque soir au secrétariat d'Etat du Vatican.

Un certain soir, douze mille dépêches arrivèrent.

Plusieurs venaient des régions les plus reculées de l'univers. Avant de trouver un bureau télégraphique, elles avaient traversé des déserts. Presque toutes disaient la douleur des peuples ; elles contenaient aussi d'ardentes prières, des protestations d'amour, d'indéfectible attachement au Saint-Siège.

Mais il en vint aussi de plaisantes. Tous les charlatans du monde entier proposèrent leurs drogues en affirmant que si on voulait suivre leurs conseils la guérison était certaine. Les recettes les plus extraordinaires, les plus cocasses, les plus invraisemblables, furent indiquées. On expédia des onguents, des cataplasmes, des poudres, des pilules, des élixirs, tout ce que les empiriques et les bonnes femmes inventèrent pour le plus grand... mal de l'humanité.

Tout cela fut naturellement refusé, et les expéditeurs n'obtinrent même pas un avis de réception. Ils étaient trop nombreux !

Cependant l'auguste malade, continuait à repousser la mort qui tournait autour de son lit de douleur.

La dépression physique s'accentuait ; mais l'âme restait saine, forte, merveilleuse de volonté. Les médecins étaient stupéfaits ; les journaux de Rome, même les plus hostiles au Vatican ne pouvaient s'empêcher d'admirer le grand vieillard qui voulait mourir debout, l'esprit lucide, rayonnant encore d'intelligence et de bonté.

Un d'eux écrivait :

« Plus le mal brise le corps, et semble l'anéantir, et plus l'esprit rayonne !... Véritable miracle, plus vrai que tous les autres celui-là, qui élève au-dessus de l'humanité ce vieillard et fait courber devant lui, tous les hommes étonnés...

« Belle, admirable, fière agonie que celle de cet homme. Le mal fait des progrès, étend ses filets et l'homme résiste !...

« Le corps cède ses dernières énergies, ses dernières forces et l'esprit brille, étincelle, sourit à tous. C'est une sentinelle vigilante au sommet d'une tour, qui regarde avec sérénité tout ce qui se passe en bas, tout ce qui est inférieur ou vil...

« Elle ne se livrera à la mort, qu'après avoir occupé, comme un chef héroïque, son poste de combat jusqu'à la minute suprême !...

« Noble reddition que celle de cet esprit !... Revendication superbe, témoignage éclatant de la supériorité de l'esprit sur la matière, de la vie sur la mort !

« Devant un tel spectacle, que valent nos mesquines disputes, nos discordes de positivistes, de matérialistes, de spiritualistes ! »...

Ces déclarations enthousiastes remplissaient les colonnes de nos confrères.

Il y eut un moment, où la lutte devint si terrible qu'on crut sincèrement que l'avantage resterait à la vie. L'avant veille même de la mort, les médecins se reprenaient à espérer et les journaux imprimaient en grosses lettres, la phrase suivante : « *Indices de la guérison très probable du Souverain Pontife !* »

Le samedi 18 juillet, on s'abandonna à une espérance complète. Le lendemain, l'illusion persista jusqu'à cinq heures du soir.

Il fit ce jour là, une chaleur terrible. Le thermomètre marqua 38 degrés à l'ombre. Cette température eut une funeste influence sur l'organisme déprimé du malade. Vers cinq heures et demie, une crise se déclara et faillit l'emporter.

C'était la fin !...

La nuit fut mauvaise ; Léon XIII allait entrer dans cette Eternité qu'il entrevoyait depuis quelques jours.

A dix heures du matin, on publia l'avant dernier bulletin; il était désespéré. L'agonie commença à onze heures.

Au lendemain de la mort, j'ai pu donner une relation très exacte des minutes suprêmes que vécut Léon XIII. Elle était simple, mais elle avait le grand mérite de n'avoir pas été inventée de toutes pièces comme celles parues dans certains journaux américains.

Je la transcris ici :

C'est le docteur Lapponi lui-même qui a donné les détails émouvants qu'on va lire. Je lui laisse la parole :

— A 11 heures du matin, une crise douloureuse de suffocation faillit emporter l'auguste malade. Je fis immédiatement respirer de l'oxygène. L'effet fut merveilleux ; le Pape rouvrit les yeux, devint plus calme, et eut un réveil assez long de l'intelligence. Il manifesta l'intention de voir les cardinaux.

Il était inutile, hélas! de s'opposer à ce désir; je répondis : « Votre Sainteté sera satisfaite. »

Et en effet, les cardinaux qui attendaient dans la salle du Trône, entrèrent.

Adieu ! Adieu, murmura Léon XIII.

Son regard se porta sur le cardinal Oreglia. Il fixait le camerlingue avec une douloureuse obstination. Je me penchai :

— *La Chiesa !...* l'Eglise, disait la voix à peine perceptible.

L'idée ne pouvait plus être clairement exprimée, mais les assistants la devinèrent fort bien. Léon XIII expirant, n'avait qu'un souci, celui des intérêts de l'Eglise qui allait rester sans Pontife pour quelques jours.

Le cardinal camerlingue en larmes, s'approcha et se courbant vers le moribond, il prononça, près de l'oreille, des paroles que personne n'entendit. Elles furent cependant comprises par le Pape; je vis en effet une fugitive lueur raviver le regard presque éteint.

Pour ne pas que la triste scène se prolongea, je déclarai que l'agonie allait devenir pénible. Les membres du Sacré Collège se retirèrent.

Je pris alors le poignet de Léon XIII, et minute par minute, je surveillai les battement du pouls qui devenaient saccadés, faibles, et s'arrêtaient parfois. Je prévins le cardinal Vanutelli que la fin approchait.

Lorsque le grand pénitencier commença à réciter les prière pour la recommandation de l'âme, Léon XIII eut un sursaut de vie. La voix se fit nette :

— Je souffre !... Oh que je souffre, dit-il.

Puis le regard se voila, le spasme devint douloureux, des sons inarticulés s'exhalaient de la poitrine... Les mots Eglise, Dieu, Ame, furent prononcés assez distinctement.

Mais le pouls m'échappait.

A quatre heures précises, les pulsations s'arrêtèrent.

Le Catafalque de la Chapelle Sixtine

Le prince Chigi, maréchal du Conclave

Seules, les lèvres frémissantes indiquaient que l'âme n'avait pas encore été rendue.

Quelques instants se passèrent, affreusement longs. Je notais enfin le frisson suprême... Un soupir calme, extraordinairement léger... Puis l'immobilité survint... Léon XIII n'était plus !...

Je ne sais comment je pus articuler la phrase attendue...

Le Souverain Pontife est mort !...

Des sanglots nouaient ma gorge ; je dus faire un violent effort pour rester debout, près du vieillard sublime, que j'aimais comme un père, et qui souvent daigna m'appeler son fils ! »

Il était exactement quatre heures six minutes, lorsque la nouvelle de la mort arriva on ne sait pas comment, foudroyante, jusqu'à la porte de bronze.

Immédiatement, les suisses coururent aux armes et la lourde porte se ferma.

Une émotion indescriptible s'empara de la ville entière. Les journaux locaux qui étaient prêts, furent immédiatement criés dans la rue par des centaines de camelots.

La troupe, infanterie, bersagliers, carabiniers, etc., arrivèrent au pas accéléré et occupèrent la colonnade du Bernin.

En quelques minutes, la place fut envahie par une foule émue et recueillie.

Mais le spectacle ahurissant fut donné par le bataillon compact des journalistes. A six heures dix minutes, mes dépêches étaient expédiées sur Paris. Je pus battre prudemment en retraite, lorsque l'assaut se produisit.

Il fut terrible et cocasse aussi... Les premiers arrivés se ruèrent sur les guichets et se cramponnèrent aux tablettes.

S'arcboutant, ils eurent à résister à la poussée formidable et à tous les efforts, tentés pour les arracher du poste si convoité.

Les retardataires arrivaient haletants, et voulaient entrer bon gré, mal gré, dans les salles archi-combles.

Je vis un hollandais, solidement musclé, foncer sur la foule; s'aider des pieds et des mains, et passer !... Profitant d'un moment d'inadvertance il se glissa jusqu'au guichet et s'y carra résolument.

Le malheureux qu'il avait délogé le bourrait de coups de poings, mais l'autre insensible, expédiait dépêches sur dépêches avec un flegme imperturbable.

Les derniers télégrammes ne quittèrent Rome que fort avant dans la nuit.

Après avoir assisté à cette lutte, je retournai à Saint-Pierre.

Vingt mille personnes s'y étaient massées. Toutes regardaient le Vatican et fixaient surtout la fenêtre de la chambre, où Léon XIII avait tant travaillé, tant souffert, et où il dormait maintenant dans la paix du Seigneur.

Les cloches de la Basilique commencent à tinter le glas. Le triste sanglot fut repris par les mille cloches de Rome.

L'heure était solennelle et émouvante. Il me sera impossible de l'oublier jamais.

Après la Mort

LÉON XIII ET LA FRANCE — LE CORPS EXPOSÉ DANS LA SALLE DU TRONE — TRANSLATION A SAINT-PIERRE — LA FOULE DEVANT LA CHAPELLE DU SAINT-SACREMENT — SPECTACLE ATTENDRISSANT — LES CÉRÉMONIES DE LA SIXTINE — LE GÉNÉRAL DE CHARETTE ET LE CARDINAL PERRAUD.

Léon XIII est entré dans l'Histoire et il ne m'appartient pas, à moi humble soldat perdu dans la mêlée, d'esquisser à grands traits, l'œuvre magistrale du Pontife.

Qu'on me permette, cependant, de rappeler ici, combien le regretté Pontife aimait notre pays.

Quelques jours avant sa mort, j'eus la bonne fortune d'être reçu per un membre éminent de la colonie française à Rome. Notre compatriote voulut bien me raconter l'anecdote suivante, qui, publiée par la *Patrie*, a été reproduite par tous les grands journaux de France.

Il y a trois mois à peine, le Pape recevait en audience particulière un chef d'ordre.

Le moine venait entretenir Léon XIII du coup cruel qui frappait ses frères de France.

A un moment donné, il fut si ému, que se jetant aux pieds du Pontife il s'écria dans un sanglot :

— Père !... très saint Père, nos enfants sont dans la désolation. La mort menace l'ordre tout entier, je me sens accablé.

Et Léon XIII, se penchant paternel vers le supérieur général, aida à le relever de ses mains tremblantes.

— Courage, mon fils, lui dit-il. La France sortira victorieuse des épreuves actuelles. Elle souffrira encore, vos chères maisons connaîtront le deuil de l'absencs amère. Mais je vois dans un avenir qui n'est pas très lointain, je vois la fin de la tourmente, j'aperçois l'aurore de paix se lever sur la patrie de Saint Louis... Quant à moi, j'ai épuisé tous les moyens qui étaient en mon pouvoir pour arrêter la main des audacieux sacrilèges. On n'a pas écouté les supplications d'un vieillard. Mais j'irai bientôt vers le juge suprême... L'heure approche, je la sens venir, je l'attends avec sérénité et confiance. j'espère que Dieu aura pitié de son serviteur, et lorsque je serai près de lui, je plaiderai la cause de votre ordre. Soyez patient ; dans quelques mois vous aurez un avocat de plus là-haut.

Le supérieur en proie à la plus vive émotion se taisait.

Et de nouveau le Pape parla :

— La France fut toujours mon pays de prédilection ; mon cœur est plein d'amour pour lui. Le malheur qui l'éprouve me torture ; c'est l'angoisse de mes vieux jours ; il abrègera certainement ma vie !...

Je méritais un tout autre traitement. Chacun de mes actes en ce qui le concerne, porta la marque de l'apaisement. Pour prix de mes efforts, on fait une guerre impie à tout ce qui m'est le plus cher. La Justice divine que je voudrais apaiser, n'est pas un vain mot... Qu'elle épargne les coupables !... »

Aujourd'hui que l'auguste Pontife est allé vers ce Dieu dont il sentait l'appel prochain, il doit intercéder ardemment pour la France qu'il aimait d'un amour si paternel, si profond.

Le surlendemain de la mort, après l'embaumement, je pus voir Léon XIII exposé dans la salle du trône.

Ah ! la minute inoubliable dont le souvenir restera longtemps gravé dans mon cœur.

La noblesse romaine remplissait la merveilleuse pièce. Des diplomates passaient et s'inclinaient respectueusement devant le corps.

Mais il y eut un moment où je ne vis plus rien, si ce n'est le visage de l'auguste Pontife.

Des fenêtres ouvertes venait la lumière éclatante. Elle mettait autour de la tête de Léon XIII, une auréole de triomphe et de joie.

Rien de funèbre n'attristait l'âme. De ce cadavre émanait la paix céleste.

Et je me laissais pénétrer par je ne sais quoi de bon, d'exquis, par une émotion si tendre, si délicieuse, qu'aujourd'hui même en évoquant le cher souvenir de cette inoubliable vision, je me prends à tressaillir.

Le soir même, je revis Léon XIII, lorsqu'il quittait définitivement le Vatican. Précédé du Sacré Collège, entouré de sa garde, suivi par les ambassadeurs et le patriciat romain, il descendit pour la dernière fois l'escalier Royal et fit son entrée dans la basilique de Saint-Pierre, vibrante encore de l'écho des dernières acclamations qui l'avaient accueilli lors des récentes cérémonies solennelles du jubilé.

Le lendemain, dès l'aube, au bas du grand escalier de la place, dix mille personnes attendaient l'ouverture des portes de l'église.

Un régiment d'infanterie maintenait à grand peine la foule frémissante.

Enfin, on admit le peuple à la visite si impatiemment attendue.

Alors, commença l'énorme défilé qui se poursuivit trois jours durant, jamais interrompu, fleuve humain qui coula aux pieds des restes vénérés.

Le vendredi, l'affluence fut effrayante. Appuyé sur la barrière qui partageait l'église et traçait la voie qu'on était obligé de suivre, je vis passer pendant des heures, des milliers et des milliers de personnes.

A un moment donné, un malheur fut à craindre. Quelques femmes du peuple, avaient commis l'imprudence d'entrer avec leurs jeunes enfants sur les bras. La chaleur, la pression de tous ces corps étroitement serrés, firent évanouir plusieurs bébés.

Il pouvait être onze heures. Sur la place et dans l'atrium la foule grondait. Devant la chapelle du Saint-Sacrement, la masse humaine était énorme. Tout à coup, un cri strident retentit et je vis au-dessus de la foule un enfant porté à bras tendus.

La pauvre créature ne donnait plus signe de vie.

Les carabiniers, parvinrent à dégager la mère qui poussait de véritables hurlements. Lorsqu'elle se trouva dans l'espace libre, je l'aperçus qui courait éperdument vers le tombeau de Clément XIII. Elle s'accroupit au pied du monument, se dégrafa et voulut donner le sein au bébé qui restait inerte.

Alors la mère se mit à l'appeler à grands cris... Les infirmiers de la Croix Rouge essayèrent de lui prendre son nourrisson pour le soigner, mais elle le défendit comme une tigresse. D'ailleurs elle ne tarda pas à pousser un cri de triomphe. L'enfant venait d'ouvrir les yeux et aussitôt goulûment, il se jeta sur le sein gonflé de lait.

Le spectacle de cette Transtéverine allaitant son enfant sous le morne regard du lion, qui veille à l'entrée du tombeau était des plus touchants.

On procéda à la mise au tombeau le samedi soir, 25 juillet.

Ce fut une cérémonie d'une tragique grandeur.

Lorsque le majordome étendit sur le visage de Léon XIII le voile frangé d'or qui allait nous cacher à jamais les traits aimés du Pontife, un frisson parcourut l'assistance.

Je vis des larmes couler sur les visages des cardinaux et plus d'un diplomate même, eut de la peine à maîtriser son émotion.

Enfin le chœur de la Sixtine entonna le verset symbolique : *Comme le cerf aspire à l'eau jaillissante des fontaines !...*

Le lourd cercueil fut transporté au pied de l'échafaudage qui allait servir à le hisser jusqu'au tombeau provisoire.

Les cordes furent assujetties, et nous vîmes le cercueil monter lentement.

Il est arrivé au bord du *loculus...*

Un *sanpietrino* le pousse ; encore un instant, encore une minute d'angoisse, de douleur et tout disparaît dans l'étroite ouverture. Une voix tremblante dit : *Requiescat in pace !*

Quelques sanglots se font entendre.

Je regarde le cardinal Rampolla ; il pleure. Le Camerlingue, cardinal Oreglia est là, chancelant, très pâle. Non loin de lui, un cardinal verse d'abondantes larmes. Je ne le connaissais pas.

— Comment s'appelle-t-il ? demandais-je à un prélat qui se trouvait à mes côtes.

— C'est le patriarche de Venise, le cardinal Sarto.

— Ce nom ne m'impressionna guère alors. Il devait faire vibrer d'immense allégresse, l'univers entier, quelques jours après.

Je revis le sympathique et si attrayant cardinal, à la Sixtine pendant les cérémonies solennelles des funérailles de Léon XIII.

Grâce à de hautes protections, je pus assister aux trois chapelles cardinalices, qui se tinrent au milieu des chefs-d'œuvre de Michel Ange.

Soixante cardinaux, entouraient l'immense catafalque qui se dressait au milieu de la chapelle. Les ambassadeurs, les chevaliers de Malte, les Assistants au trône, les Patriciens romains étaient là.

Que de fois, lorsque le *Dies iræ* du maestro Peroso éclatait terrible, triste, mélancolique dans la tribune des fameux chanteurs, je vis l'auguste assistance regarder d'instinct l'effrayante peinture du jugement dernier qui couvre tout le fond de la chapelle !...

Le 29 juillet, j'aperçus, debout dans la foule des invités le général de Charette.

L'héroïque défenseur de la papauté, après avoir adressé à ses zouaves un ordre du jour, où il leur faisait part de la mort de Léon XIII, où il disait combien grande était sa tristesse et combien amers ses regrets, était venu à Rome pour voir une dernière fois le grand Pontife.

En l'apercevant, en ce jour solennel, dans ce palais du Vatican, je songeais longuement à la lutte héroïque, au noble sang versé jadis sur les champs immortels de Mentana et de Castelfidardo. Je songeais à tant d'enfants de la France morts pour le Pape.

— N'est-ce pas là le général de Charette, me demande tout à coup, un moine ?

— C'est bien lui !...

— Ah ! le brave homme, le généreux cœur !...

J'ai servi sous ses ordres jadis, j'ai fait le coup de feu à ses côtés. C'est un Français et un chrétien, celui-là !...

Dans le chœur, une voix solennelle, grave, un peu brisée, prononçait les oraisons de l'absoute. C'était encore une voix française, celle-là !...

Le cardinal Perraud, l'illustre académicien, l'évêque très aimé, officiait.

Et je ressentis une grande joie, en voyant les deux nobles représentants de ma Patrie, le général et l'évêque, entourés du respect, de l'admiration et de la sympathie de tous.

GROUPE DE GARDES-NOBLES

LA CHAPELLE SIXTINE PRÉPARÉE POUR LE CONCLAVE

L'Élection de Pie X

LES PRÉPARATIFS DU CONCLAVE — CINQ CENTS OUVRIERS ENVAHISSENT LE VATICAN — A LA RECHERCHE DE LA CHEMINÉE — LES FRANÇAIS ARRIVENT !... — ENTRÉE DES CARDINAUX AU VATICAN, LE SOIR DU 31 JUILLET — LE CONCLAVE — LA SFUMATA — L'ÉLECTION — VIVE PIE X !...

Les novendiales allaient être bientôt terminées. Déjà les travaux, exécutés en vue du conclave étaient très avancés. Immédiatement après la dernière cérémonie qui fut célébrée le 30, l'armée des ouvriers devint imposante.

Cinq cents maçons, manœuvres, menuisiers, etc., envahirent le Vatican. Des monceaux de sable, de chaux et de briques, s'élevèrent dans les différentes cours. Nuit et jour on poussa la besogne. A l'aube du 31, presque toutes les murailles bâties pour isoler la partie du palais qu'allaient habiter les membres du Sacré-Collège, les conclavistes ainsi que tout le personnel affecté au service des cardinaux, atteignaient la hauteur fixée.

La cour Saint-Damase que je vis si tranquille, pendant les soirées d'attente, alors que Léon XIII luttait admirablement contre la mort, était devenue très animée.

A chaque instant, on y croisait des palatins, des gardes

du feu, qui déménageaient en toute hâte. Les équipes d'ouvriers passaient, avec les meubles destinés à meubler les appartements provisoires. Les cuisiniers déposaient leur matériel ; c'était un tohu-bohu gigantesque.

A l'extérieur des palais pontificaux, le spectable n'était pas moins curieux. Sur la place Saint-Pierre, les curieux regardaient avec étonnement les planches qui avaient été disposées devant toutes les fenêtres du Vatican. L'air et la lumière arrivaient dans les chambres par un étroit espace laissé libre au sommet. De la sorte, aucun signal ne pouvait partir du conclave, ni arriver du dehors.

Les regards allaient aussi sur les toits, à la recherche de la fameuse cheminée de la Sixtine.

Très nombreuses étaient les personnes, qui ne connaissaient pas l'emplacement exact de la chapelle.

Aussi fallait-il les voir, après avoir lorgné les moindres coins de l'immense palais, interroger les abbés, arrêter les moines, et les accabler de questions !

Plusieurs, mal renseignés par certaine journaux, déclaraient gravement que la cheminée d'existait pas.

Elle était pourtant en place, cette cheminée qui fit tant parler d'elle.

A droite de Saint-Pierre, derrière la paratonnerre qui protège le toit à angle aigu de la Sixtine, elle se profilait, mince tuyau, sur le fond bleu du ciel.

— Mais où est le *fumaiolo* (la cheminée), s'écriait près de moi un prêtre venu à Rome, du fond de la Calabre pour la circonstance.

— Près du paratonnerre, le voyez-vous ?

— Quoi, c'est ce mauvais cornet là !... Alors, le signal de l'élection nous viendra de là-haut ?

— Mais parfaitement.

— Elle n'est pas belle, la cheminée...

Le *fumaiolo* avait déjà pris une telle importance, que ceux qui ne l'avaient pas encore vu s'imaginaient trouver quelque chose de gigantesque. L'élection d'un Pape surexcite les imaginations. A Rome, l'événement était attendu avec une impatience fébrile.

Enfin, le soir du 31 août, date fixée pour l'ouverture du conclave arriva.

Vers quatre heures du soir, les carrosses des soixante-deux cardinaux qui allaient prendre part aux redoutables opérations, sous l'œil sévère des géants de Michel Ange, commencent à traverser la place de Saint-Pierre.

La foule massée près de la colonnade de gauche et à l'entrée de la *via delle Fondamenta*, les regardait passer et discutait les chances de chacun des papabili.

J'avais près de moi un groupe de commères qui babillaient éperdûment.

— Je te dis que le nouveau Pape sera Gotti... Je le sais, je l'ai vu cette nuit, coiffé de la tiare.

— Tu as eu la berlue, Beppa ! C'est Di Pietro, qui succédera à Léon XIII. Ne sais-tu pas qu'une sorcière annonça jadis son élévation au trône de Saint Pierre ?

— Vous êtes toutes des ignorantes, répliquait une troisième. Le Pape, tenez, il passe...

Un carrosse défilait à grande allure devant nous. Le cardinal Seraphino Vanuelli l'occupait.

— Le voilà, le Pape... *Ecco il papa !*

L'Eminence entendit la prédiction de la Transtéverine. Je le vis sourire.

— Mais pourquoi celui-là serait-il Pape, plutôt qu'un autre ?

— Parce qu'il est évêque de Sainte-Ruphine... Une prophétie très ancienne annonce son élection. Je parie pour lui.

Jusqu'au soir, Romains et Romaines restèrent là à supputer les chances des cardinaux, à regarder les *porporati* qui s'en allaient, soucieux, en prières, donner un successeur à Léon XIII.

D'ailleurs, je pus voir à côté des Romains, de nombreux Français. Les ecclésiastiques surtout, étaient venus en groupes compacts. Eux aussi prophétisaient, et cherchaient à deviner le nom de l'Elu du conclave.

Au bas du grand escalier qui mène à l'esplanade, cinq abbés entouraient un compatriote laïc, personnage important, sans doute. Ce dernier en complet blanc, parlait à haute voix et il disait de belles choses.

Sa compétence paraissait énorme, il touchait à tout, jugeait à grands traits les membres du Sacré-Collège et affirmait que l'élection serait tôt connue.

— Je vous dis, moi, que le cardinal Rampolla sera élu dès demain !...

— C'est aller bien vite en besogne...

— Il sera Pape demain... A la même heure, nous pourrons acclamer Léon XIV.

Lorsque le cardinal Macchi proclama Pie X, le 4 août, je revis mon gaillard.

— Eh bien, vous vous êtes légèrement trompé !

— Mais pas du tout !... Sarto est l'ami de Rampolla c'était à prévoir.

— Vous ne l'avez cependant pas prévu ?

Il en avait un toupet, mon cher compatriote.

Le lendemain, 1ᵉʳ août, dès dix heures du matin, l'anxiété commença à étreindre les cœurs des personnes qui, prudemment abritées sous les colonnades, regardaient la cheminée.

On savait fort bien, qu'aucun résultat n'était possible, à la suite des premières opérations, Mais on attendit quand même, avec une impatience douloureuse.

Vers onze heures, un nuage monta derrière le Vatican.

— La *sfumata!*... La *sfumata!*... C'était bien de la fumée, mais elle venait des vignes des *Castelli Romani!* Un vigneron brûlait des sarments !...

Pie X

La Famille du Pape.

A onze heures vingt-deux, très exactement, un flocon blanc s'envola de la cheminée.

La fumée !... Cette fois, les bulletins brûlaient ; mais on y avait mêlé de la paille humide. Le conclave continuait.

A six heures du soir, la même scène se renouvela, scène qui se répéta d'ailleurs le dimanche et le lundi, matin et soir.

Le dimanche soir, la foule était immense. Plus de cent mille personnes, accourues de tous les quartiers de Rome et même des villes voisines, se tenaient immobiles, presque silencieuses, sur la place Saint-Pierre.

J'eus le grand plaisir, à ce moment, de rencontrer Monseigneur Dadolle, recteur des Facultés catholiques de Lyon, Notre savant compatriote qui voulut bien m'accueillir avec une si aimable courtoisie, fut lui-même vivement impressionné par le spectacle merveilleux qui s'offrait à nos regards.

A six heures trente-cinq, la fumée s'échappa, abondante et noire, de la cheminée tant regardée. Ce fut une déception.

Pour la septième fois, nous nous rendîmes sur la place Saint-Pierre, le 4 août, à dix heures du matin.

Je savais, ce jour là, que le dénouement ne pouvait tarder.

A dix heures et demie, quelqu'un sortit du Vatican et me dit que la veille, le cardinal Sarto avait obtenu une majorité importante.

Je m'empressais de préparer mes dépêches.

A onze heures six minutes, très exactement, j'apprenais l'élection du patriarche de Venise. J'eus le très grand plaisir d'arriver bon premier au télégraphe. Ma dépêche partit aussitôt, et je peux affirmer qu'elle précéda d'une bonne demi-heure toutes les autres.

Débarrassé d'un souci bien grand, je pus me mêler à la foule et voir le spectacle le plus poignant, le plus majestueux, le plus beau qu'on puisse rêver.

A onze heures et demie, le peuple ne voyant pas monter la fumée, commença à s'agiter.

Bientôt la nouvelle de l'élection circula rapidement. On ne savait rien de précis, mais chacun avait l'intime conviction que le Pape était élu.

Cinq minutes plus tard, les personnes qui continuaient à regarder la cheminée virent une fumée bleuâtre, très légère, s'envoler du tube.

Il n'y avait plus à douter. La proclamation était imminente.

Voyant quelle anxiété terrible bouleversait deux prélats que je trouvais au bas de l'escalier, je leur annonçais l'élection du cardinal Sarto.

— Sarto ?... Ce n'est pas possible.

— C'est vrai, cependant.

Mais une rumeur immense s'éleva. Là-haut, les fenêtres de la grande loggia de Saint-Pierre, s'ouvraient.

Comme secouée par un courant électrique, la foule frissonna et d'un bond terrible se rua vers la basilique. Au pas gymnastique, les soldats doublèrent les lignes déjà établies, mais ils furent impuissants à refouler le peuple.

Alors, le général qui commandait les cinq mille hommes massés sur la place, fit présenter les armes.

Cet ordre venait trop tôt...

En effet, seuls les employés du Vatican, se trouvaient en ce moment au balcon historique. Ils disposaient sur la façade un immense tapis aux armes de Pie IX. Mais voici la croix qui brille, les cardinaux apparaissent. Puis, le cardinal Macchi, chargé d'annoncer à la Ville et au Monde, l'élection du Vicaire de Jésus-Christ, se pencha vers la foule et leva les bras...

Qui pourra jamais raconter dignement cette scène si simple et si grande ?... Jamais, vivrai-je cent ans, je n'oublierai la minute solennelle qui s'écoula avant la proclamation. Un soleil terrible versait des flots de lumière brûlante sur la foule, mais personne ne songeait à se soustraire à cette coulée de feu. Une flamme intérieure brûlait les âmes et mettait sur les visages un reflet extraordinaire.

Haletants, éperdus, ces hommes, ces femmes, ces enfants, tremblaient et pleuraient.

Puis la voix retentit... Elle était très sonore.

— *Anuntio vobis gaudium magnum !...*

Je vous annonce une grande joie... Nous avons un Pape... Le très Eminent et très Révérend, Joseph Sarto !...

Le cardinal s'arrêta...

Une tempête d'acclamations se déchaîna sur la place. Les bras se levèrent, des poitrines dilatées jaillit le cri d'amour, le cri d'espoir en les immortelles destinées de l'Eglise.

— Vive le Pape !... Vive le Pape !...

Je regardai les visages ; ils rayonnaient.

Quelle joie, quel attendrissement, quelle heure solennelle de la vie de l'Eglise, il m'était donné de vivre !...

Les fusils tremblaient aux mains des soldats. Ces enfants de l'Italie nouvelle, oubliaient les sophismes des rhéteurs, et se laissaient dominer par le prestige immense de la papauté, par l'émotion indicible qui envahissait les cœurs.

Mais le cardinal fait un signe. Il n'a pas fini. C'est le nom canonique qu'il va maintenant lancer à la foule.

La tempête s'apaise à grand peine.

— *Qui sibi nomen imposuit Pius X...* Qui s'est donné le nom de Pie X.

La clameur reprend plus intense, plus formidable.

— Vive Pie X !... Vive Pie X !...

La loggia se vide et la foule se précipite vers la basilique, car le nouveau Pontife va bénir son peuple.

A la hâte, les carabiniers évacuent l'église. Les soldats pontificaux les remplacent, et cherchent à maintenir les vingt mille personnes qui déjà ont envahi Saint-Pierre.

Des chants lointains se font entendre... Le cortège

s'approche... Voici la croix papale qui scintille au fond de la loge. Plusieurs membres du Sacré Collège s'avancent. Voici enfin le Père, l'Ami, le Chef, le Pape que le Saint-Esprit vient de donner à l'Eglise en deuil.

Des cris enthousiastes éclatent :

— Vive Pie X !... Vive le Pape roi...

Le Saint Père, pâle, ému, pleure !...

Nous apercevons son doux visage, baigné de larmes.

L'émotion devient poignante... Les cérémoniaires récitent les prières.

Puis, pour la première fois, Pie X lève la main et bénit l'Univers tout entier.

La clameur d'indicible allégresse recommence et se poursuit, tandis que le Souverain Pontife se retire dans ses appartements.

Rome accueillit la grande nouvelle avec des transports d'enthousiasme. Le soir, la ville s'illuminait, tandis que les cloches éperdues chantaient l'alleluia triomphal.

Une grande figure se dressait sur le monde, déjà charmé par le rayonnement de bonté qui se dégage de la personne et des actes de Pie X.

La Maison natale du Pape, a Riese, près de Trévise

Voyage à Venise

DÉPART POUR VENISE — BASTA !... BASTA !... FLORENCE ET LES APPENNINS — EN GONDOLE — LES SŒURS DE PIE X — A RIESE — L'AUBERGE « DELLE DUE SPADE » — UNE FAMILLE DE PLÉBÉIENS — LE VIEUX MAITRE DE PIE X — RETOUR EN FRANCE.

En arrivant à l'hôtel, quelques heures après la proclamation du nouveau Pape, je trouvai une dépêche de la *Patrie*, me prescrivant d'aller voir les parents de Pie X, à Venise et à Riese.

La vie du journaliste est ainsi faite. Quelques centaines de kilomètres à franchir, même par les chaleurs caniculaires ne sauraient l'émouvoir. Donc, le soir même de cette mémorable journée, je quittai Rome, où pendant un mois j'avais vécu de si mémorables journées.

Des amis charmants, voulurent bien m'accompagner jusqu'à la gare.

J'acquitte ici une dette de reconnaissance, en remerciant Mme et M. Grief, de toutes les délicates attentions qu'ils eurent pour moi.

A minuit, le train qui allait me conduire à Venise, partait.

J'avais comme compagnons de route, un aimable rédacteur de l'Agence Stefani, M. Gustave Nesti, et un gros bonhomme de campagnard, qui nous en fît voir de dures.

M. Nesti et moi, brisés de fatigue après le labeur de ces pénibles journées, avions formé le dessein, très légitime, de dormir.

Mais, dès que nous eûmes pris nos dispositions, le bonhomme entama une bruyante fanfare...

Ce misérable ronflait à nous exaspérer.

Jamais je n'entendis bruit pareil.

Nous eûmes beau crier, il ronflait toujours, béatement, posément, furieusement.

De temps à autre, M. Nesti parvenait à fermer l'œil, mais alors, les notes devenaient plus rauques, plus bruyantes.

Et mon confrère se levait furieux :

— Basta !... Basta !... criait-il... Assez !... assez !...

Rien n'y fit. Le ronfleur ronfla de plus belle.

Vers cinq heures du matin, le sommeil finit cependant par nous terrasser. Il y avait à peine quelques minutes que nous reposions, lorsqu'une voix tonitruante nous réveilla.

— Eh signori !... Messieurs, messieurs, nous arrivons à Florence !...

C'était notre ronfleur qui croyait nous rendre un grand service en nous annonçant l'arrivée du train à... Florence.

Il était là, frais et dispos, le misérable qui avait dormi tout son saoul, et il nous regardait en souriant.

— Mais nous ne nous arrêtons pas à Florence... Voulez-vous bien nous f..... la paix...

— *Scusi*... Pardon, je pensais bien faire.

Le train stoppait, l'homme disparut, et nous restâmes assez ébaubis de l'aventure.

D'ailleurs, quelques minutes après, lorsque le train se remit en marche, je remerciai presque le terrible ronfleur de m'avoir réveillé.

Les rayons du soleil levant, doraient les dômes de la

délicieuse cité, qui renferme dans ses palais tant de merveilles.

La campagne verdoyante, toute mouillée de rosée, scintillait. Nous avions devant nos yeux, un spectacle apaisant qui fit le plus grand bien à nos nerfs exaspérés.

A partir de Pistoia, nous commençâmes à gravir les Apennins. Une heure après, le train redescendait à toute vapeur sur Bologne, et enfin, à deux heures et demie, il s'engageait sur la chaussée qui de Meste s'enfonce hardiment dans la lagune jusqu'à Venise.

Au lieu du banal fiacre, je trouvais à la gare une gondole qui, par le grand canal, me conduisit à l'hôtel.

Quelques instants après mon arrivée, j'étais sur la merveilleuse place Saint-Marc.

Sans perdre une minute, je me rendis au palais patriarcal.

Je demande à voir les sœurs de Pie X.

— Impossible, me dit un prêtre. Près des sœurs du Pontife se trouve maintenant leur neveu Giovan Battista Parolin, archiprêtre de Passagno. Il faut les laisser à leurs effusions familiales.

J'insiste :

— Dites-leur donc qu'hier j'ai vu leur grand frère, que j'ai reçu sa première bénédiction. Je serai si heureux de les saluer.

— Attendez un instant, me dit le prêtre.

L'attente ne fut pas longue... Voici une femme, pas jeune, pâle, vêtue de noir, qui revient avec l'abbé.

— La signorina Rosa !... me dit ce dernier.

Je m'incline profondément.

— *L'avete visto ?*... Vous l'avez vu ?... Vous avez vu mon frère, s'écrie l'humble femme.

— Oui, Mademoiselle, je l'ai vu, alors qu'il venait de revêtir les ornements pontificaux. Le Pape, votre frère, m'a béni hier.

La pauvre femme, tremblante d'émotion, me prend la main et sanglote.

— Signorina, dit le prêtre, vous pleurez alors que vous devriez tressaillir d'allégresse.

— Hélas, il ne reviendra plus le frère bien aimé !... Maintenant, nous ne pourrons plus l'entourer de soins, veiller sur lui. Puis il est trop grand, il est si près du ciel et nous ne sommes plus dignes de l'approcher comme nous le faisions jadis, affectueuses, aimantes, toujours prêtes à prévenir ses désirs.

Le prêtre a beau les consoler, lui dire que le Pape restera pour elles le frère tendre et simple; qu'il les verra souvent.

— Non !... non !... Nous ne pourrons plus être ses servantes dévouées, ses sœurs soumises en qui il avait si pleine confiance. Certes, nous nous inclinons devant la volonté du Seigneur qui a daigné choisir son Vicaire dans notre humble maison. Mais l'amertume de la séparation est grande.

Je restais muet devant cette douleur si sincère. Je m'attendais à voir des personnes joyeuses et fières d'un légitime orgueil, et je voyais une brave fille simple, modeste, pleurant à chaudes larmes, parce que son frère est devenu Pape !...

Sur mes instances, on me présente au neveu de Pie X.

Lui ne pleure pas ; je vois briller dans son regard une flamme. Il est jeune, trente ans à peine, il paraît intelligent ; la carrière s'ouvre large et belle pour lui sous les auspices d'un oncle, Souverain-Pontife.

Je me retire enfin, non sans avoir prévenu les parents de Pie X que je me proposais d'aller visiter la maison du petit village où vint au monde, celui qui fut jugé digne de succéder à Léon XIII.

— Allez, me dit-on, vous serez le bienvenu parmi les braves gens de Riese.

*
* *

Le lendemain, à la première heure, j'étais à Castelfranco, petite ville située sur la ligne de Trévise à Vicence. Là, il me fallut louer une voiture pour me rendre à Riese.

De Castelfranco au village natal de Pie X, la route est belle et ombragée.

Mon *vetturino*, en son pittoresque dialecte vénitien, me racontait les histoires les plus touchantes sur le nouveau Pape.

— Je ne suis pas clérical, signor, je lis l'*Avanti* et mon avis est que le pauvre peuple n'est pas traité comme il le mérite. Mais je m'empresse de dire que Pie décimo est un ami des pauvres et des petits. A Venise, son élection a transporté de joie tout le monde. Ce bonheur fut particulièrement ressenti par ceux qui, tant de fois, trouvèrent près du patriarche le pain nécessaire et souvent aussi des avances qui permirent d'attendre des jours meilleurs. Celui-là nous aime, celui-là a eu un père ouvrier, il ne nous reniera pas !

L'éloquent *vetturino* parlait encore, lorsque j'aperçus le campanile de Riese, qui émergeait d'une mer de verdure.

Un joyeux carillon s'envolait de la tour, rouge sous l'éclat aveuglant du soleil.

Bientôt la voiture faisait son entrée sur la petite place de l'église de Saint-Mathieu, récemment restaurée.

Je pénétrais aussitôt dans l'édifice où je trouvais une délicieuse fraîcheur.

Deux bons vieux m'avaient suivi. Le cocher avait déjà dit que j'étais Français et que je venais à Riese pour voir la maison et les parents du Pape.

Ils s'approchèrent et me firent signe de les suivre.

Ils s'arrêtèrent près d'un grand portrait du patriarche de Venise, aujourd'hui Pie X :

— *Legete !*... (Lisez !)

Et je lus : « A Joseph Sarto, fils de ce canton. En 1903. — La patrie honorée — Ceci est son portrait. »

Les vieillards me regardaient et avaient l'air de me dire :

— Hein !... Est-il ressemblant !... Sommes-nous assez heureux d'avoir un tel concitoyen ?

— Je l'ai vu avant-hier votre grand ami !

— Ah !... vous l'avez vu ! A Saint-Pierre du Vatican ?

— Oui !... A Saint-Pierre même !

Et je vis briller dans les regards des bons vieux l'admiration, la joie.

— Voulez-vous me conduire à la *Trattoria delle Due Spade* ? leur demandai-je.

— *Prompti* !... De suite... Venez, venez... Ah ! vous l'avez vu... avait-il le *triregno* ?

Le *triregno,* c'est la tiare. Lorsque Pie X donna la bénédiction il n'avait pas la tiare, mais je mentis pour faire plaisir aux vieux.

— Il l'avait ! et il était bien beau, je vous l'assure, le nouveau Pape !

Mes deux guides improvisés, de plus en plus enthousiastes, me firent traverser la place. Je pus remarquer un palais d'assez grande allure. Il appartient à la famille Venier, de Venise.

La maison municipale, toute neuve, est là très près. Au balcon, claquant à la brise venue de la mer Adriatique, est arborée une grande et magnifique bannière.

Des groupes d'hommes se tiennent à l'ombre des maisons. On parle du Pape, n'en doutons pas.

Et me voici devant la *Trattoria delle Due Spade.* Deux vieilles épées, rouillées, servent d'enseigne.

Je franchis le seuil et me trouve dans une pièce vaste, claire, où on vend un peu de tout. Un robuste garçon d'une vingtaine d'années était en train de débiter de la viande. Un peu plus loin, un commis vendait des pâtes. Quelques personnes attablées buvaient de la bière.

J'invite mes deux bons vieux à prendre place autour d'une

table. Mais avant, ils veulent que je parle à la signora Theresa Parolin.

Ils pénètrent dans la cuisine et m'amènent une grande jolie jeune fille, qui toute radieuse se plante devant moi, me tend la main à la bonne franquette et me demande ce que je désire.

— *Ecco la signorina Amalia...*, nièce du Pape...

Les manches retroussées, le visage animé par la joie et le travail, car la nièce de Pie X est une jeune fille laborieuse, Mlle Amalia attend souriante.

— Pourrais-je parler à madame votre mère?

— Ma mère va partir incessamment pour Venise, mais je pense qu'elle vous verra avec plaisir. Attendez...

Quelques minutes après, la signora Theresa entra.

—Mais on ne vous donne pas à boire?... s'empressa-t-elle de me dire, même avant les préliminaires d'usage. Vous arrivez de Rome, m'a-t-on dit? Eh bien, vous devez avoir besoin de vous rafraîchir.

En un tour de main, l'aimable femme nous donne des verres et de la bière; nous trinquons à sa santé. Puis:

— Je vous félicite, madame!...

— Merci, Monseur... Je ne peux encore croire ce qui est arrivé. Notre frère Pape!... Lui si simple, de goûts si modestes, comment pourra t-il vivre dans cet immense palais du Vatican, avec sa cour, ses gardes? Et puis, il ne pourra plus revoir les lieux qu'il aimait tant. Il ne viendra plus s'agenouiller sur la tombe de sa mère... Vous voulez savoir si nous sommes contentes. Oui, nous ressentons une bien grande joie d'avoir un frère Vicaire de Dieu sur la terre, mais nous ne pouvons nous défendre d'un sentiment de tristesse en songeant que notre Giuseppe est maintenant placé si haut, si loin de nous. Avez-vous vu mon mari, Monsieur?

— Non, madame; pas encore.

— Va chercher ton père, dit la sœur de Pie X à sa fille.

Le signor Parolin, conseiller communal et beau-frère du Pape, arrive. L'entrevue est très cordiale.

Ces braves gens sont décidément d'excellents paysans au cœur simple et bon.

— J'étais en train de découper des tranches de jambon, me dit tout rondement le propriétaire de la *Trattoria,* désormais fameuse. Que voulez-vous, depuis quelques jours nous n'avons guère le temps de nous occuper de la besogne quotidienne. Il faut travailler pourtant.

— Oh ! maintenant vous pourrez vous reposer uu peu.

Et pourquoi ?... Je ne tiens pas à m'enrôler dans les gardes suisses du Vatican ! s'écrie en riant aux éclats M. Parolin.

— Mais vous savez bien que le Pape a le droit de vous faire comte, et dame ! si vous désirez un grade dans la garde noble...

— Comte !... Ah ! la bonne plaisanterie.., Alors, tu seras comtesse, Theresa !...

— Non, Monsieur... Voyez-vous, nous sommes des paysans, des travailleurs, nous resterons ce que nous étions hier. Et même, il nous faudra travailler davantage, car la clientèle augmente singulièrement, il me semble !...

En effet, l'auberge se remplit... De Venise sont venus des touristes ; une bande d'Américains fait irruption dans la pièce. Les Yankees demandent immédiatement la sœur du « new Pope ». Mais la signora Theresa s'éclipse après avoir pris congé.

Très aimablement, son mari me fait visiter la maison où naquît son illustre beau-frère.

L'immeuble est situé à quelques pas de l'auberge. Il a un seul étage.

Au rez-de-chaussée se trouvent une petite chambre, un salon très exigu et la cuisine. Au premier, auquel on

La Mère du Pape Pie X

Auberge tenue par un beau-frère du Pape

L'Église de Riese ou le Pape a dit sa première Messe

arrive par un étroit escalier, il y a quatre pièces. La chambre où naquit Pie X, dégarnie de meubles, est éclairée par deux petites fenêtres qui s'ouvrent sur la rue. Deux lithographies ornent les murs. Elles représentent saint François et la Sainte-Famille.

Un salon meublé d'un unique fauteuil et de quelques chaises, servait de pièce de réception lorsque le cardinal venait à Riese.

Derrière la maison se trouve un petit jardinet. L'ensemble est pauvre et forme un contraste saisissant, avec ce que l'on s'imagine des splendeurs du Vatican qui entourent aujourd'hui Pie X.

Je vais au cimetière. Sur chaque tombe, je ne suis pas peu étonné, de voir s'agiter de minuscules drapeaux blancs sur lesquels sont inscrits les noms des morts. Une pierre blanche couvre la tombe où se trouve la mère du Pontife.

Elle porte l'inscription suivante :

« Marguerite Sanson — Femme exemplaire — Epouse sage — Mère incomparable. — Le 4 mars 1842 elle perdit son mari aimé. A travers des vicissitudes douloureuses et joyeuses, résignée, avec virilité, elle éleva chrétiennement ses neuf enfants. Elle mourut le 2 février 1894, à l'age de quatre-vingt-un ans. Une sainte mort couronna sa vie de travail et de sacrifices. — A leurs chers parents — Le cardinal Joseph Sarto, son frère et ses sœurs prient le Seigneur de leurs accorder l'Eternel Repos. »

Le patriarche de Venise, lorsqu'il venait à Riese, passait de longs moments à prier sur l'humble tombe.

Avant de quitter le village, j'ai pu recueillir des traits curieux, des anecdoctes touchantes. Pie X sera véritablement un Pape du peuple, je veux dire un pontife venu en droite ligne du logis du travailleur, ayant conservé les habitudes simples et laborieuse que lui transmirent des générations de plébéiens.

*
* *

A Castelfranco, je voulus voir le vieux prêtre Amadio, qui fut jadis le professeur du jeune Joseph Sarto.

J'ai trouvé un vénérable vieillard de quatre-vingt-deux ans, malade, couché, mais joyeux de voir son ancien élève, arrivé si haut.

C'est en 1848 et 1849 que le révérend Amadio eut dans sa classe, la quatrième, l'enfant prédestiné.

— C'était un élève d'élite, me dit-il. Ne croyez pas que je veuille, maintenant qu'il est pape, lui adresser des flatte·ries. J'ai conservé mes vieux cahiers. « Beppa !... apporte-moi le cahier étiqueté 12, là, sur le bahut ».

La servante obéit et l'octogénaire de ses mains trem-blantes et décharnées, tourna avec des soins infinis, les feuilles jaunies.

— Tenez, voyez vous-même.

Je regardai, mais à vrai dire, il me fut impossible de déchiffrer l'écriture effacée en partie. Mais le vieillard me v int en aide.

« 3 mars 1848, Giuseppe Sarto, littérature, *ottime* (très bien).

« 10 mars, langue italienne, *primo* (premier). »

— J'arrive au mois de mai :

« Mathématiques : Sarto, *ottime* (très bien)... »

— Et puis, voyez, toujours premier en tout, en italien, en latin, en mathématiques.

Plus tard, il continua ses brillants succès avec des maîtres plus savants que moi. C'était un *birbo* (un malin) et un excellent cœur aussi. Il a fait son chemin, je mourraj après avoir goûté la joie la plus pure de ma vie : Pie X sera un bon et grand Pape.

— L'avez-vous vu souvent à Venise ?

— Non, Monsieur... Pas très souvent. Je suis bien vieux et il m'est impossible de me déplacer. Mais son Eminence a daigné me visiter.

— Savez-vous si Sa Sainteté a des opinions politiques bien arrêtées ?

— Ce n'est pas un politicien. Au Vatican, il y a sans doute des personnages qui connaissent mieux que lui les roueries, les finesses, les *conbinazioni*. Mais son âme droite, son cœur généreux lui dicteront sa conduite. Il mènera la barque de Pierre vers des rives ensoleillées, n'en doutez pas. Ce sera un Pape religieux, qui ne transigera pas sur les principes, mais qui se montrera tolérant toutes les fois qu'il le pourra. Le Sacré-Collège a eu l'inspiration heureuse, il a fait un vrai Pape.

****

Je revins à Venise dans la soirée et vers minuit, à l'heure où la reine de l'Adriatique n'est que joie et féerie, je montai dans la gondole qui devait me ramener à la gare.

Au fond de la lagune, le Lido brillait de mille lumières.

Des chants mélodieux, s'élevaient des ténèbres que trouaient de çà de là l'œil lumineux d'une gondole.

Lorsque la barque qui me portait, quitta le grand canal pour s'engager dans un des *traghetti* qui mènent tout droit à la station, un couple passa en chantant une mélancolique barcarolle.

« *Addio Italia !... Addio Italia !...* » Adieu Italie !... Adieu !... disait la voix harmonieuse.

Oui, Adieu, Italie !... Tu es bien belle, tu es lumineuse et ravissante, mais le ciel de ma Patrie a des charmes que je cherche en vain dans ton azur.

En route, vers la France où m'attendent des êtres si chers, vers la France bien aimée qui a dû aussi, tressaillir d'allégresse et d'espérance en apprenant l'avènement de Pie X.

Villefranche-sur-Saône, 20 Août 1903.

APPENDICE

LÉON XIII INTIME

Bien que quelques jours, nous séparent déjà de la mort de Léon XIII, l'intérèt qui s'attache à cette grande figure reste toujours palpitant.

Il n'est pas inutile de connaître quel fut le régime de vie qui permit à l'illustre vieillard, d'atteindre un âge si avancé, au milieu des graves soucis, religieux, politiques et sociaux et qui fut d'un si précieux secours pour sa constitution, saine, il est vrai, mais non extraordinairement robuste.

Léon XIII avait l'habitude de passer la journée de la sorte : Il se levait rapidement vers cinq heures et demie ou six heures. Il prenait du café au lait avec un léger biscuit. Il entendait la messe. Puis il prenait connaissance des com muniqués que lui lisait M^sr d'Angeli. Ensuite il donnait audience aux cardinaux, aux nonces, etc.

Lorsque les réceptions, parfois longues et pénibles l'avaient fatigué, il prenait un bouillon.

Aux repas il usait spécialement d'aliments liquides, car

il était complètement privé de dents et il ne se servait pas de râtelier.

Exception faite d'un peu de blanc de poulet, il se nourrissait de lait, de crème, de bouillon, de gélatine spécialement préparée dans les cuisines du Vatican, et des produits de Sanatogen qu'il prenait avec grand plaisir. Il buvait très peu de vin additionné d'eau naturelle.

Après le déjeuner, il n'avait pas l'habitude de faire la sieste. Il faisait alors une promenade d'environ deux heures dans les splendides jardins du Vatican, presque toujours en carrosse et faisant très peu de pas, à pied.

Avant de se mettre au lit, il prenait une tasse de bouillon. Il s'assoupissait vers onze heures et dormait seulement quatre ou cinq heures. Il n'usait pas de somnifères.

Avec un semblable régime de vie il n'eut jamais à souffrir de maladies dignes d'être signalées excepté, toutefois, le kyste qui fut opéré et guéri si heureusement par son illustre chirurgien, le professeur Mazzoni.

Toutes les fonctions physiques s'acromplissaient régulièrement.

Excepté dans les moments de particulières préoccupations, il était d'excellente humeur ; il cultivait passionnément les lettres, dictant des poésies avec un goût vraiment classique.

Mais en pleine santé, il fut frappé par la maladie qu'en raison de l'âge si avancé, il ne put surmonter malgré les soins empressés dont il fut entouré.

Il se manifesta, avec traces de dyspnée, une pneumonie adynamique, promptement diagnostiquée par son valeureux médecin, le professeur Lapponi. Une pleurésie hémorragique vint compliquer l'état qui s'aggrava bientôt car la respiration devint très pénible. La circulation du sang et les fonctions rénales se faisaient très mal. Cependant si la résistance du malade ne put vaincre, elle fut merveilleuse.

Dans ces conditions difficiles, l'alimentation se fit avec

du bouillon, du lait, du Sanatogen et des vins généreux.

Malgré tout, le malade ne pu survivre.

A l'autopsie on constata la pneumonie pleurétique droite. Les autres viscéres et spécialement les reins étaient en bonne condition.

Nous avons voulu appeler l'attention du public sur le régime de vie de cet homme, qui a étonné le monde par sa longévité et sa résistance physique.

LES GRAVURES

J'ai le devoir de dire que quelques-unes des gravures qui se trouvent dans cet ouvrage sont extraites de l'*Illustrazione Italiana*. Le « Sergent des Suisses », le « Garde noble » et le « Gendarme », le « Prince Chigi », ont paru dans un des numéros de juillet de la magnifique publication italienne.

Tout ce qui concerne Riese et la famille de Pie X m'a été donné par le *Monde Illustré*.

Les autres gravures sont la reproduction de photographies que j'ai pu me procurer à Rome même.

Le portrait de Pie X, qui est d'une ressemblance frappante, a été fait par un photographe du cardinal Sarto, il y a six mois à peine.

Il diffère, comme on peut s'en rendre compte de toutes les publications fantaisistes qui encombrent les vitrines.

D. G.

TABLE

Villefranche, imprimerie du *Réveil du Beaujolais*.

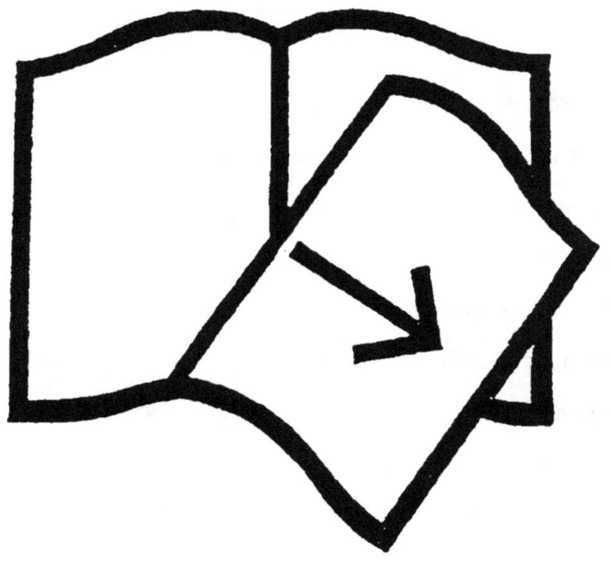

Documents manquants (pages, cahiers...)
NF Z 43-120-13